सफ़ेद लोग

यह पुस्तक महाराष्ट्र राज्य हिन्दी साहित्य अकादमी के आर्थिक सहयोग से प्रकाशित है।

सफ़ेद लोग

टीकम शेखावत 'सोनइन्दर'

वाणी प्रकाशन

वाणी प्रकाशन
4695, 21-ए, दरियागंज, नयी दिल्ली 110 002
फ़ोन : +91 11 23273167 फ़ैक्स : +91 11 23275710
शाखाएँ
अशोक राजपथ, पटना 800 004, बिहार
कॉफ़ी हाउस कैम्पस, महात्मा गांधी मार्ग, इलाहाबाद 211 001, उत्तर प्रदेश
महात्मा गांधी अन्तरराष्ट्रीय हिन्दी विश्वविद्यालय, वर्धा 442 001, महाराष्ट्र
सुल्तानिया रोड, मोतिया पार्क, भोपाल 462 001, मध्य प्रदेश
www.vaniprakashan.com
marketing@vaniprakashan.in
sales@vaniprakashan.in

SAFED LOG
by Tikam Shekhawat 'Soninder'

ISBN : 978-93-89012-73-6
Poetry Collection

पेपरबैक प्रथम संस्करण 2020

मूल्य : ₹ 299

सिटी प्रेस, दिल्ली-110 095 में मुद्रित

वाणी प्रकाशन का लोगो मक़बूल फ़िदा हुसेन की कूची से

क़लम कैसे पकड़ी जाती है
से लेकर
मेरी अँगुलियों को थाम कर मुझे लिखना सिखाने वाले

गुरुवर ***दामोदर खड़से साहब***
के लिए...

बदन में बहता है लहू, इसलिए लिखता हूँ कविता!
नहीं नहीं...
दरअसल
कविता लिखता हूँ, इसीलिए बदन में लहू बहता है।

माताजी सोनकँवर शेखावत व बाबूजी स्व. इन्दर सिंहजी शेखावत,
कभी स्कूल नहीं जा पाये थे!
उनकी अभिलाषा थी कि उनकी सन्तान पढ़ना–लिखना सीख सकें।

उन्हीं को समर्पित,
कुछ शब्दों की लड़ियों को
काग़ज़ पर उकेरने का यह छोटा–सा प्रयास है...

इस उम्मीद के साथ कि जिस ककहरे को सीखने
उन्होंने विद्यालय भेजा था,
उसी की बदौलत आज
इन शब्दों की लड़ियों का जन्म हुआ है
जिसे सम्भवतः लोग कविता मान लें...

विश्वास है, पिताजी धरा के उस पार से इसे पढ़ रहे होंगे!

अपनी लघुता के साथ

टीकम शेखावत 'सोनइन्दर'

आभार,

सुनील देवधर जी, अशोक देशमुख जी, राजेन्द्र श्रीवास्तव जी, दीप्ति जी

कविता की नयी आहट–'सफ़ेद लोग'

उनकी भाषा में/भूत और भविष्य का/ग़ज़ब सेतु होता है/
उनके वक्तव्य/भविष्य की अनन्त सम्भावनाओं को/समेटते हैं
आप जब कभी/हताश या निराश हों/तो उन्हें सुनिये/
आने वाले कल के लिए/इतनी सकारात्मकता/मनोचिकित्सक
की/दवाइयों में भी शायद न मिले।

पहली नज़र में ये कविता किसी कवि के सन्दर्भ में कही बात ही लगती है। क्योंकि कविता, भूत, भविष्य और वर्तमान की बात करती है। 20वीं सदी के महान रहस्यदर्शी आचार्य रजनीश ने कवि और ऋषि के सम्बन्ध में कहा था–"ऋषि होश में कहते हैं, कवि बेहोशी में कहता है, ऋषि वहाँ पहुँचकर कहते हैं तो कवियों को वहाँ की झलक दूर से सपनों में दिखाई देती है, कवि स्वप्नद्रष्टा है, तो ऋषि सत्यद्रष्टा। कवियों के वक्तव्य तुम्हारे लिए सहयोगी हो सकते हैं, कवि कड़ी है तुम्हारे और ऋषि के बीच।"

श्री टीकम के इस संग्रह 'सफ़ेद लोग' की प्रारम्भिक कुछ कविताओं को आचार्य रजनीश के वक्तव्य के आलोक में देखा जाना उनकी कविताओं के साथ सही रास्ते से गुज़रना होगा अन्यथा कहीं कुछ भटकाव हो सकता है।

कौन हैं सफ़ेद लोग, उनकी भाषा, सेवा, उनका व्यवसाय, उनकी कर्मठता, उनका जीवन, हिम्मत और उनकी सोच को कवि टीकम न केवल शब्दों में व्यक्त करते हैं, बल्कि शब्दों के पार की आहट भी सुनाते हैं, इसे यूँ भी कह सकते हैं कि इन सफ़ेद लोगों की हर आहट को शब्द देते हैं।

दुनिया चाहे उन्हें किसी भी/नज़र से देखे......
वे बहुत कर्मठ होते हैं/हर विषय पर/उनकी राय होती है/
उनका काम/सुबह से देर रात तक चलता है,

दिनचर्या (अ) नियोजित होती है/
जनता के भविष्य नियोजन की ख़ातिर।

ये कविता भारतीय राजनीति के वर्तमान चरित्र और चाल दोनों को संकेतित करती है, शब्द तो सीधे और वही हैं लेकिन उनकी उपस्थिति एक नयी और अलग आहट का पता देती है और हमारे मन में एक हलचल पैदा करती है।

भारतीय संस्कृति के ये
प्रथम प्रतीक हैं...
जहाँ जाते हैं/वैसा पहनते हैं/वैसा बोलते हैं/
मूलतः कुर्ता–पैजामे की विरासत भी
उन्होंने ही बचा रखी है
सरकारें बदलती हैं
पहराव नहीं बदलता...

इस 'पहराव' को क्या सिर्फ़ पहनावे या पोशाक के अर्थ तक सीमित रखकर देखा जा सकता है, नहीं इसे पूरी इमामत यानी लीडरशिप और उनके इमतिमाम के मद्देनज़र ही देखना होगा। यह वो समय है जहाँ विश्वास का जंगल धू–धू कर जल रहा है, राजनीति से संयम और अच्छाई का अपहरण हो चुका है, तब ऐसे समय में और कुछ नहीं तो कविता निगरानी तो कर ही सकती है, कवि की चेतना अपने आसपास और ख़ुद अपने भीतर खदबदा रही मानवीय संवेदना को लेकर है। ये बेचैनी राजनीतिक बेचैनी से अलग है। उस एक संवेदनशील छटपटाहट को भी उजागर कर रही है, जो इधर समाज में लगातार कम होती जा रही है। इस चिन्ता में कवि अपनी 'संवेदना' में कहता है–

'हम जन मानस की संवेदनाएँ हैं,
सुना है तुम संवेदनाओं के लिए घर बनाते हो,
अपनी क़लम और काग़ज़ के साथ

x x x

अब इस संसार में हमारी जगह नहीं है
अतिक्रमण समझकर हटा दिया गया है हमें।...

कवि और कविता की पहली शर्त संवेदना है। कविता केवल शा. ब्दिक यात्रा नहीं है, यह आन्तरिक यात्रा भी है जो समाज को न केवल झकझोरती है बल्कि संस्कारित भी करती है, वो स्वयं व्यवस्था के ख़िलाफ़

खड़ी होती है, बोलती है, कटाक्ष करती है, उसे अनदेखा करने का भ्रम तो पाला जा सकता है, पर कविता को नज़रअन्दाज़ कर उसे दबाया या कुचला नहीं जा सकता। कविता का प्रस्थान विन्दु तो है लेकिन इसके विराम चिह्न का कहीं कोई निशान नहीं है। यह बात कवि टीकम शेखावत पूरे भरोसे से कहते हैं–

या तो पढ़ी जायेगी/या सुनायी जायेगी/
दोनों ही सूरतों में/ये क़लम चलायी जायेगी।

x **x** **x**

कहीं किसी प्रदेश में
क़लम जलायी भी जायेगी/फिर भी/
ये क़लम चलायी जायेगी।

इस कविता संग्रह में जीवन और जगत् के सामूहिक अनुभव भी हैं और अपना एक अलग भाव विश्व भी : कविता मूलतः अपने समय की या मानव सम्बन्धों के साथ ही मनोभावों की इबारत होती है, उसमें सामाजिक यथार्थ का खुरदरापन भी होता है, और मन के गहरे स्तरों में पैठा स्वप्नलोक भी। इस संग्रह में तथ्य और विश्वास, विचार और भावना को सहजता से स्वीकार किया गया है। कवि किसी एक विषय या स्थिति को अपनी विविध मनःस्थितियों में देखता है–

तुम तो कहती थीं,/बहुत ताक़त होती है, शब्दों में/....
मन को कहाँ/किसी के भी सामने/कहीं भी
हू–ब–हू बयान किया जा सकता है

यहाँ कवि भिन्नताओं में एक सामंजस्य की तलाश करता है, कविता की निर्मिति अनुभूति में है, जहाँ रेशा–रेशा एक सम्भावना बनकर जीवन का ताना–बाना बुनता है, लेकिन इस ताने–बाने का गणित कितना अलग है, इस बात पर कवि की धारणा है कि अकेले तौर पर किसी अनुभूति का सम्पूर्ण अर्थ नहीं निकलता–

लेकिन, तुम्हारा गणित विचित्र है।
साँठ–गाँठ और/
हितैषियों का मर्मचित्र है।...
इन्हीं चित्रों में नदारत है,
सूरज चाँद पृथ्वी,... ।

इस कविता संग्रह में जीवन की भाषा आकांक्षा की अभिव्यक्ति तो

होती ही है साथ ही उन सपनों का भी बयान है, जिसके पूरे होने न होने की कसक जीवन को अस्थिर करती है–

एक बड़ा–सा ख़्वाब था/कि एक छोटा सा घर हो जाये...।
इस ख्वाब को पूरा करते/सुबह को शाम करते/
शाम को सुबह करते/कई छोटे ख़्वाब कुर्बान हो गये।

कवि टीकम की कविताएँ किसी एक विचार, किसी एक समय, किसी एक परिस्थिति की उपज नहीं हैं। इन्हें किसी एक के साथ नहीं बाँधा या जोड़ा जा सकता, ये अनुभव कविताओं से गुज़रते हुए अपने–आप होने लगता है, इसमें पेड़ की चिन्ता भी है, समाज की जड़ों में समाती जा रही संवेदनहीनता भी। राजनीति के कठोर कड़वे सच भी हैं और मनुष्य जीवन के लिए अनिवार्य संवेदनाओं की महक भी।

परिवर्तन की चाह लिए वे कहते हैं–

जब समय की पुकार हो,
समय का तुम्हीं पर,
दारोमदार हो, तब
तुम झूठ बोल देना।
बस याद रहे,

उस झूठ की आत्मा सच हो!

कविताएँ सिर्फ़ मनोरंजन के लिए नहीं होतीं और न ही कविता कोरा उपदेश है, कविता तो वह है, जो जैसी दिखाई देती है, ठीक वैसी या उसके बरअक्स अलग सुनायी भी देती है। कविता पर विश्वास किया जाता है, और इस विश्वास को बनाये रखने का जिम्मा कवि और कविता दोनों का है।

और टीकम शेखावत इस ज़िम्मेदारी को समझते हैं–

उसे लगता है कविता
x x x
उम्मीदी और नाउम्मीदी की पूरक है।...
अस्पताल जाकर/ठीक होकर आने की उम्मीद/
श्मशान जाकर कभी न आने का सच/
x x x
सच कहूँ तो कविता/हँसाने के लिए नहीं है–
जगाने के लिए है/चाहे हँसाकर जगाओ!

या जागकर हँसाओ।...

ये संग्रह अपनी कविताओं की ऊष्मा से ठण्ड में कुनकुनी धूप का आभास कराता पढ़े जाने का सुख देगा। इन्हीं शुभकामनाओं के साथ, कवि को बधाई।

—डॉ. सुनील केशव देवधर

अनुक्रम

सफ़ेद लोग–1

उनकी भाषा में
भूत
और
भविष्य का ग़ज़ब सेतु होता है
उनके वक्तव्य
भविष्य की अनन्त सम्भावनाओं
को समेटते हैं...
आप जब कभी
हताश या निराश हों,
तो उन्हें सुनिये...
आने वाले कल के लिए
इतनी सकारात्मकता
मनोचिकित्सक की
दवाइयों से भी शायद ही मिले!

सफ़ेद लोग–2

सफ़ेद लोगों का सेवा में
बहुत विश्वास होता है...
वे आज भी ख़ुद को
सेवक मानते हैं
जनता का सेवक!
वह सेवक जिसे
आख़िरी दम तक
सिंहासन की तलाश रहती है!

सफ़ेद लोग–3

सफ़ेद लोगों का व्यवसाय
सफ़ेद होता है...
संसार के सारे रंग
यहाँ पहुँचकर,
सफ़ेद को और सफ़ेद बनाते हैं!
यही ऐसा व्यवसाय भी है
जिसमें सफ़ेदी से
लड़ने–झगड़ने वाले कई बार सफ़ेद हो जाते हैं
और
हमारे सपने,
होली का इन्तज़ार करते
अधूरे रह जाते हैं...

सफ़ेद लोग–4

दुनिया चाहे उन्हें किसी भी
नज़र से देखे...
वे बहुत कर्मठ होते हैं..
हर विषय पर
उनकी राय होती है
उनका काम
सुबह से देर रात तक चलता है
दिनचर्या अनियोजित होती है
जनता के भविष्य–नियोजन के ख़ातिर

सफ़ेद लोग–5

वे मंच पर,
माइक पर,
जनता के सामने,
टीवी पर
विरोधियों पर छींटाकशी करते हैं!
किन्तु
वास्तव में वे
मानवतावादी
सहिष्णुता से भरे होते हैं...
विरोधी या तो उनके
दोस्त होते हैं
या
रिश्तेदार होते हैं...

क्या यह सटीक सामाजिकता नहीं है!

सफ़ेद लोग–6

उनका जीवन
इतना
या
उतना
आसान भी नहीं होता!
फिर भी वे मुस्कुराते रहते हैं!
उनका ज़्यादातर जीवन
मंच पर
या दौरों में गुज़रता है...
जहाँ
प्रकृति के परम सुख
अर्थात्
हल्का होने की भी
सुविधा नहीं होती!
फिर भी अपने दौरों को लेकर
वे तटस्थ होते हैं
आप चाहें तो
उन्हें दाद दे सकते हैं
वे अपने दौरों पर आपको दाद देते रहे हैं
और आप उन्हें वोट देकर कृतज्ञता व्यक्त करते हैं

सफ़ेद लोग–7

सफ़ेद रंग से हाँके जाना
आज,
या बीता ज़माना
कारण यही
कि
हमारी आँखों में
हमारे ज़ेहन में
रच–बस सा गया है...सफ़ेद रंग
सफ़ेदी
कल अंग्रेज़ों में थी
अब खादी में भी है...
अचूक सफ़ेदी...

श्वेत रंग
सरकारी कारों का है
हुक्मरानों की कॉलर का है...
व्यवस्था भी सफ़ेद है
सफ़ेदी व्यवस्था के किरदार में भी है...

सफ़ेदी
उन नामों में भी है
जो जन्म के साथ मिले
फिर बढ़ते गये सिलसिले
धर्म, समाज, जाति से भी

न जाने क्यों
यह व्यवस्था बदलती नहीं...

मैंने सुना है
जामुन का रंग पक्का होता है
चलो सबको एक ही रंग में रंग दे
उम्मीद है होली जल्द आयेगी!

सफ़ेद लोग–8

वे परिवर्तनशील हैं!

पिछले कुछ दशकों से
उनके पहनावे में
आमूल परिवर्तन हुआ है...
पहले सभी टोपी पहनते थे

अब तीन तरीक़े के लोग हैं
एक टोपी पहनता है
दूसरा टोपी पहनाता है
एक ऐसा भी है
जो टोपी पहनता भी है
नहीं भी पहनता है
लेकिन दोनों ही सूरतों में पहनाता ज़रूर है!

छोटी सर्कसों
में
मसखरे अब भी टोपी पहनते हैं...
बड़ी सर्कस से टोपी ग़ायब हो रही है!

सफ़ेद लोग–9

वे हिम्मत के मामले में
किसी फ़ौजी से कम नहीं...
आख़िरी दम तक मुक़ाबला करते हैं!

परिणाम आने तक
फ़ैसला हो जाने तक
वे हार नहीं मानते!
फ़ैसला जो भी आये
सफ़ेदी ही जीतती है!
शायद इसीलिए वे हार नहीं मानते
सफ़ेद फ़ौजी...

सफ़ेद लोग–10

वे काफ़ी हद तक सामाजिक
व
प्रगतिशील होते हैं...
जातिवाद में उनका तनिक विश्वास नहीं होता
उनका अपना समाज होता है...

उनके यहाँ शादी–ब्याह
उन्हीं की बिरादरी में होते हैं...
धर्म, प्रान्त व जाति भेद
से दूर...
सन ऑफ सफ़ेदी
वेड्स
डॉटर ऑफ़ सफ़ेदी..
जाति व्यवस्था को समाप्त करती
यह नयी सभ्यता की नयी जाति है

सफ़ेद लोग–11

भारतीय संस्कृति के वे
प्रथम प्रतीक हैं...
जहाँ जाते हैं
वैसा पहनते हैं
वैसा बोलते हैं...
मूलतः कुर्ता–पायजामे की
विरासत भी
उन्होंने ही बचा रखी है...
सरकारें बदलती हैं
पहराव नहीं बदलता!
आज भी
इतनी बड़ी संख्या में
कुर्ता–पायजामा
बल्कि यूँ कहिये
उजला 'कुर्ता–पायजामा'
केवल
इसी सेवा में पहना जाता है

संस्कृति के पहरुए
सफ़ेद लोगों
ने बचा रखी है यह विचित्र उजली संस्कृति

सफ़ेद लोग–12

वे परिवार के प्रति
भी काफ़ी संवेदनशील होते हैं...
कई बार
संवेदनशीलता
प्रेम
व
स्नेह
हो जाता है इतना अधिक
कि वही तड़के
अख़बार की सुर्ख़ी बनता है!
नयी संस्कृति में जहाँ रिश्ते–नाते
हो रहे हैं समाप्त
यहाँ आज भी अपनों का ध्यान रखा जाता है।

सफ़ेद लोग–13

इनका नियोजन झकास
होता है!
इतना सटीक कि
कई बार मीटिंग के पहले ही
या अनुरोध के पहले ही
परिणाम तय हो जाता है!
वैज्ञानिक
इस क़ाबिलियत को
प्रोग्रामिंग कर
सुपर कम्प्यूटर को और मज़बूत
बनाने में लगे हैं!
किन्तु अब तक कामयाबी नहीं मिली....
सुना है आने वाले समय में
सुपर कम्प्यूटर इनसे ही पाठ लिया करेंगे
और
सबक पढ़ा करेंगे।

सफ़ेद लोग–14

इनकी अधिकतर दस्तख़त
राष्ट्रीय धरोहर है
जिन्हें करने
में
हफ़्ते, महीने और साल
लगे थे...
महीनों की तो हमें आदत है
इसीलिए
जिन्हें साल लगे थे,
वही राष्ट्रीय धरोहर है
यह एक शिल्प जैसा ही है...
ताजमहल को भी
पूरा होने में बीस साल लगे थे...
जब वह राष्ट्रीय धरोहर है
तो इनकी दस्तख़त राष्ट्रीय धरोहर
क्यों नहीं हो सकती!

सफ़ेद लोग–15

आदमी मर जाता है
आत्मा भी मर ही जाती होगी
ज़िन्दा रहता है बस
सफ़ेद रंग
यह शासन का प्रतीक है
राज करने वाला
समाज
आदमी
काल
सब गुज़र जाता है
बस ज़िन्दा रहता है सफ़ेद रंग
नये चेहरे के साथ

सफ़ेद लोग–16

सफ़ेद रंग हर जगह है
दरअसल यह चमड़ी
और कपड़ों तक सीमित नहीं!
यह हर सोच में है
हर संवेदना में है
हर समाज में है!
हमसे तो बच्चे ही अच्छे
जो सफ़ेदी
को अक्सर मटमैला तो कर देते हैं
हम तो बस उसे पीठ पीछे कोसते हैं
जब सामने होता है तो दण्डवत करने से नहीं चूकते

संवेदना

डोर बेल बजती है,
मैं दरवाज़ा खोलता हूँ
आगन्तुकों को मैं नहीं जानता
वे अपना परिचय ख़ुद देते हैं
कहते हैं–
'हम जनमानस की संवेदनाएँ हैं',
सुना है तुम संवेदनाओं के लिए घर बनाते हो ,
अपनी क़लम और काग़ज़ के साथ...

तो क्यों नहीं समेट लेते हमें भी
अपनी क़लम और काग़ज़ के साथ
अब इस संसार में हमारी जगह नहीं है
अतिक्रमण समझ हटा दिया गया है हमें ...

मैं पल भर के लिए
रुकता हूँ,
सोचता हूँ,
हँसता हूँ...
मन ही मन कहता हूँ,
शायद डायनासोर के बाद अब संवेदनाओं की बारी है।
जब संवेदनाएँ ही नहीं रहेंगी
तो संवेदनाएँ लिखने वाले कवि भी लुप्त हो जायेंगे,
डायनासोर की तरह

इसमें मेरा लालच है ऐसा सोच
मैं दरवाज़ा खोलता हूँ और
संवेदनाओं को अन्दर आने देता हूँ

किसी से कहना मत दोस्तो
मैं समृद्ध हो गया हूँ
इन संवेदनाओं के साथ...

दुःख बस इस बात का है
मेरे यहाँ आने से पहले,
वे कुछ और घर भी गये थे,
उन्होंने कुछ दरवाज़े भी खटखटाये थे,
लेकिन!
लेकिन! खैर...
हो सकता है कल आपके यहाँ आयें ,
आप इन्हें वापस मत जाने देना,
घर के अन्दर बुला लेना।
और समृद्ध हो जाना इन संवेदनाओं
के साथ...

आग

'आग' भी बड़ी अजीब है,
विज्ञान के सिद्धान्तों तक को नहीं मानती।
ख़ैर,
पिता कहते थे, आग से दूर रहो!
लेकिन
आग अक्सर हमारे आसपास ही होती थी।
जैसे, खाना बनाते समय,
पूजा के लिए दीप लगाते हुए,
या फिर, दिवाली के पटाखे छोड़ते हुए,
टीवी पर न्यूज़ में सामाजिक रिश्तों की आग..
और भी बहुत सारी...

पिता कहते, आग से दूर रहो–
थोड़ी–सी 'आग' जीवन की ज़रूरत है,
लेकिन थोड़ी ज़्यादा हो जाये तो 'सब कुछ ख़त्म'।
शायद, हर बार 'आग' यह सुन लेती थी ख़ामोशी से...
वो कभी कुछ न कहती...

पिता के साथ के आख़िरी सफ़र में
मुझे याद है
पिताजी ख़ामोश थे
और आग हम ख़ुद लाये थे...
इस बार वो ज़्यादा हो गयी थी, बहुत ज़्यादा।

पिताजी ने सही ही कहा था
आग ज़्यादा हो तो 'सब कुछ ख़त्म'

हमारा सब कुछ ख़त्म हो गया
साथ ही विज्ञान का यह सिद्धान्त भी ख़त्म
कि
हर क्रिया की उतनी ही तेज़ प्रतिक्रया होती है...

आग हावी होती रही,
पिताजी बिना प्रतिरोध
उसमें समाते रहे...

सेक्युलर

मैं दो बातें हरदम मानता रहा...
एक यह कि
सूरज सेक्युलर है
मेरा मतलब धर्म से नहीं,
बल्कि हर इन्सान को एक नज़र से देखने से है।
दूसरी बात
अन्धविश्वास विज्ञान के सामने धराशायी है।
लेकिन
जब मैं किसी सड़क से गुज़रता हूँ,
तो
कइयों को आलीशान कार में देखता हूँ
कइयों को मेरी तरह दुपहिये संग
या फिर बस या रेल में...

कुछ लोगों को
सड़क किनारे देखता हूँ
जैसे
जूतों के अस्पताल में सर्जरी करते मोची काका
कहीं भीख माँगते बच्चे तो कहीं बूढ़े बाबा....
तब मुझे लगता है–
शायद सूरज ने चुपके से
रोशनी देने में धाँधली की है...
तब तो फिर पक्का...सूरज सेक्युलर नहीं है
अगर वो सेक्युलर होता तो,

हर रात का एक सवेरा होता
हर ग़म और आँसू का पग फेरा होता
और
अगर सच में वो सेक्युलर होता
तो फिर शब्दकोश में
'क़िस्मत' शब्द न होता...

गुमसुम

शहर बढ़ाने वालों ने
पेड़ों के बीच से काट दिये हैं कुछ पेड़
अब आता है सपाट रास्ता नज़र
खड़े हैं कुछ एक पेड़ रास्ते के इर्द–गिर्द
कुछ मासूम पड़े हैं
कुछ गुमसुम हैं प्राणों के चले जाने पर
कुछ गुमसुम हैं कुदरती ख़ामोशी पाने पर...

गाँव में सड़क आ गयी है
गाड़ियाँ उस पर सरपट दौड़ रही हैं
नयी सड़क के सामने
पगडंडी खो–सी गयी है
गुमसुम–सी हो गयी है
गुमसुम है भविष्य के आराम को देखकर
गुमसुम है अपने व्यस्त विगत को देखकर

गुमसुम है ये मन भी
गुमसुम है ये तन भी
कभी दूर तक अपने होने का जो पता देता था
आज गुमसुम है वो चिट्ठी, वह तार
अब चलती नहीं वो गाँव वाली बयार
गुमसुम है कभी इतिहास के पन्नों में
गुमसुम है कभी अतीत के क़िस्सों में
जो दिख रहा है आज है खोया खोया

उसने इस जग में बहुत है कुछ बोया
कितना कुछ ढोया
हमने कुछ देखा, कुछ अनदेखा
कुछ पाया,
कुछ बिसराया,
हम भी चल पड़े हैं होने को गुमसुम

ख़ामोशी

चींटी वज़न उठाकर जा रही है,
साथ में ख़ामोशी लेकर जा रही है...

एक नहीं हज़ारों–लाखों हैं
सभी काम में गुम हैं
'मैं' नहीं बस हम ही हम हैं।
'मैं' में चिल्लाहट है, परेशानी है
'हम' में नितान्त ख़ामोशी है
एक स्वप्न देखने की ख़ामोशी
उसे पूरा करने की ख़ामोशी

बच्चे स्कूल जा रहे हैं
हँसते–खेलते जा रहे हैं
हँसना, मिलना, खेलना, संग रहना
वयस्कों के लिए ख़ामोशी है
जिसे वो महसूस करते हैं, बयाँ नहीं
और
जो बयाँ हो रही है
वह ख़ामोशी नहीं...

कविता का क्या होगा

या तो पढ़ी जायेगी
या तो सुनायी जायेगी
दोनों ही सूरतों में
यह क़लम चलायी जायेगी

कुछ लोग ऐसे भी मिलेंगे
जो काली स्याही को सफ़ेदी में बदलेंगे
तो
कहीं
किसी प्रदेश में
क़लम जलायी भी जायेगी...
फिर भी
यह क़लम चलायी जायेगी

तुम,
तुम बस लिखते रहना
बिना सोचे
कि
क्या होगा क़लम का!
केवल ध्यान रहे आज
इसने
जन्म नहीं लिया तो
मानो

यह अजन्मी बेटी मारी जायेगी

या तो पढ़ी जायेगी
या सुनायी जायेगी
हर काल, हर हाल कविता ज़रूर लिखी जायेगी!

उलझनें

सारी धरा पर बहुत कुछ सम है
भूगोल, रूप–स्वरूप यूँ तो अलग सही
किन्तु
सब ठौर वही ख़ुशी, वही मातम है

बन कर चवन्नी से रेंग रहे नोटों के पीछे
ठहाकों संग है कोई
मुसीबतों में है कोई
हर दिमाग़ के केन्द्र में अनगिनत उलझनों का सितम है

नहीं म़ानते तुम,
चलो दुनिया कि एक तस्वीर दिखाऊँ
उलझनों का बाज़ार दिखाऊँ
कहीं कोई चेहरा बेजान है
जो जान वाला है वह यहाँ परेशान है
देखो आसमाँ में
उचटी हुई कहकशाँ है
कितने ही पल प्रश्न–चिह्न हैं, कहीं डूबती निशा है।

हर मन, जद्दोजहद की शतरंज है
कहीं छिपा कोई घात है
कभी ख़ुद ने बिछाई ख़ुद के लिए बिसात है

अब सपने हो गये आदमक़द से बड़े,
रह गये बस सोचते खड़े
उम्मीद बस यही
दिल चल कुछ दूर चल
जहाँ न हो उलझनों का कोलाहल...

सिलसिला

आदि मानव
से
बन गये मानव
फिर भी चल रहा है सिलसिला
छोड़ो अरमान और ख़्वाब
मौलिक प्रश्नों तक का
अब तक हल नहीं मिला
फिर भी चल रहा है सिलसिला

रचा रचाया स्वाँग हैं सब
अँधियारे का अनवरत फेरा है
हर शोध में संशोधन करते दौड़े तुम...
सिलसिला चलता रहा,
किन्तु, कहाँ सवेरा है!

मैं पूछता हूँ
उदासी की ही बात क्यों हो
फिर से उसी सवेरे की तलाश क्यों हो

नीड़ से नीड़ की चाहत में
चलना
भी तो सिलसिला है
डाल–डाल, पात–पात है यह घुड़दौड़,
दौड़ता शख़्स बस बुलबुला है...

बुलबुले की जीने की आशा,
संसार को ख़ुद में समा लेने की अभिलाषा,
अभी भी कौन कहाँ स्वयं से मिला है!
सदियों से यही सिलसिला है!

शैलश्रृंग

शैलश्रृंग
के
नही कुछ भी आर–पार

साये, एक धवल हिमानी है
कठोर तन
कोमल हृदय में
बस एक सहृदय मझधार है...

तरलता का
शैल से वास्ता रहा होगा
किसी सदी,
शैलहृदय से कुछ बहा होगा
अनन्त फैली निष्ठुरता सदा ही जो
तरल उसे करते
एक युग भी लगता होगा...

बिन विरोध,
या फिर करके प्रतिरोध
दिख रहा है जो,
ऐसे ही यह
जल बहा होगा...

जल यहाँ दिखता मदिर
ना करता कोई प्रहार

ना करता कोई आघात
धुँधली–सी भी
नहीं बिछी कोई बिसात...

लेकिन काल के बीत जाने में
बरसों पुराने अतीत में...
क्रान्ति के मार्ग पर

बूँदों की धार पर...
एक संग्राम हुआ होगा
देकर आहुति
अपने अग्रज के लिए
आने वाले वंशजों के लिए
इसी जल के
भीतर से
यह शैलश्रृंग बना होगा!

बात

तुम तो कहती थीं
बहुत ताक़त होती है शब्दों में...
मन को कहाँ
किसी के भी सामने
कहीं भी
हू–ब–हू बयान किया जा सकता है

लेकिन, मैं इन्तज़ार करता रहा
यह सोचकर कि
तुम कुछ कहोगी
तुम दिल की बात बताओगी

ख़ैर,
अच्छा हुआ
जो तुमने
उस दिन मुस्कुरा दिया
मुझे,
मानो मंज़िल मिल गयी
कुहासे पर,
कोई जानी–पहचानी आकृति खिल गयी

नहीं तो,
मैं
करता ही रहता इन्तज़ार..

यह सोचकर
कि कब होगी तुमसे बात
और
उन्हीं बातों में
होगा
प्रतीक्षित संवाद...

सर्वश्रेष्ठ

होता नहीं सर्वश्रेष्ठ कुछ भी,
बस श्रेष्ठ होता है!

और अगर
लगाना ही पड़ा विशेषण
तो फिर
हर कोई जो अपने
कर्त्तव्य पथ चल रहा,
उसी को तुम लिख देना
सर्वश्रेष्ठ!

और भूल गये!
तुम्हारे पास
तथाकथित
एक
सूची भी तो है...
जो
तुम्हारे ही अपने
हर काल में
हर राज में
देते रहे हैं तुम्हें!

उस सूची में
जो नहीं दिखे....

जैसे
हर एक को रोशनी देता सूरज
हर एक को चाँदनी देता चाँद
हर एक को बरखा देता बादल
हर एक को रोटी देती धरा
क्या वे सर्वश्रेष्ठ नहीं

लेकिन
तुम्हारा गणित विचित्र है
साँठ–गाँठ
और
हितैषियों का मर्म चित्र है!

इन्हीं चित्रों
में
नदारद है
सूरज, चाँद, धरती
क्योंकि
इन्होंने
सबके साथ
एक–सा बर्ताव किया है...
ये कैसे हो सकते हैं श्रेष्ठ?

सर्वश्रेष्ठ तो दूर की बात है!

टूटा–टूटा–सा

पेड़ पर
एक पत्ता वृद्ध हुआ है
एक पत्ते को
दिख रहा है
आज है आख़िरी रात!
कल से न होगी
किसी से
कोई मुलाक़ात
न कोई चिन्ता,
न किसी की बिसात

अब,
उन्मुक्तता का साया है
नितान्त सफ़र सरमाया है

कल तक,
हर पल, हर क्षण...
जीवित रहते भी
था वो
टूटा–टूटा–सा...
अब जब सब पूरा
दिख रहा है

वह महसूस कर रहा है
पूरा पूरा सा...

हर पत्ते का
यही गन्तव्य है चाहे वह पेड़ पर हो
या किसी नाम के साथ ज़मीन पर...

सम्पूर्ण

दौड़ती रही नदी सदियों से,
भागता रहा सूरज सदियों से...

उसी की संरचना में बसी
एक अनुभूति
की ख़ातिर
सम्पूर्ण होने की अनुभूति
की ख़ातिर

एक दौड़ है यह
सम्पूर्ण होने की ख़ातिर

जब हुआ
यह सफ़र सम्पूर्ण
तो नदी
समन्दर बन गयी
रोशनी
उजालों से रात हो गयी...
अजीब ताना–बाना है
एक गति जो निरन्तर थी,
अपना विस्तार खो गयी

तो क्या सम्पूर्ण होना
पूर्ण होना नहीं है!
या फिर
बस चलते रहना है?

रात

तुम्हारा आना
लगभग तय था
और
समय भी पता था
फिर भी पूरे दिन
परेशान–सा रहा
न हुई
किसी से कोई मुलाक़ात
न ही कोई बात

मस्तिष्क जब भी
कोई पुराने तराने बुनता
ख़याली सफलताओं
की लहरों में खेलता...
सुप्त,
किन्तु पक्की रहती
एक बात...
हर पथिक
का इन्तज़ार कर रही
निःशब्द, गुमसुम एक रात...

रात एक ठहराव है
लेकिन,
मुसाफ़िरखाना नहीं है...

रात बहकाव भी है
किन्तु,
रात चालाकी नहीं है...
बहुत कम
समझ में आ पायी है,
यह बात...
ऐसी ही होती है रात...

अँधियारा है
अक्स तक गड्ड–मड्ड है...
निशाचर के यहाँ
उत्सव है...
नहीं ढूँढ़ता है वो
कभी कोई प्रभात
चलती रहती है उसकी करामात
उसका चेहरा
छिपाये रखती है
साँवली, सलोनी 'रात'

इन्तज़ार

पता नहीं है
मंज़िल कैसी होगी
लेकिन
हर कोई
कर रहा है इन्तज़ार!
कोई डाल–डाल
कोई पात–पात
कोई करता तिकड़म,
कोई तपस्या साक्षात्
कोई सोचते हुए
कोई घड़ी देखते हुए
कोई खड़ा अपने द्वार
हर स्वप्न के पीछे
एक अथाह इन्तज़ार...

यह विडम्बना ही है
या फिर
मन का फेरा है,
वक़्त ने नहीं किया
कभी किसी का इन्तज़ार
चाहे हो उसके सामने
कोई वीरानी
या
भीड़ से सटा बाज़ार...

वो कब, कहाँ
किसी के लिए ठहरा है
चाहे कितना ही बनाया
किसी ने कोई पहरा है

हर काल में
है कहीं खण्डित स्वप्न,

कहीं हर उम्मीद है नव पल्लव
कहीं कोई बैसाख कठिन
कहीं बरखा, कहीं तुषार है
फिर भी हर आँख
मुस्कुराता
आँसुओं से गाता
अभी एक इन्तज़ार है...

मैं एक दिन इन्तज़ार
से मिला...
और पूछा
...क्यों किसी की
राहों में आते हो
काहे इच्छा और मिलन में
दूरी बनाते हो...

उसने कहा
इन्तज़ार ही हर्ष है,
उम्मीद है
इन्तज़ार ही पूर्णता है
जीवन का व्याकरण है
इन्तज़ार के समापन पर
संवेदनाओं का मरण है!!

उसने कहा,
इस प्रश्न के लिए
तुम्हारा अनन्त आभार...
इसी का मैं कर रहा था
इन्तज़ार...

रास्ता

दुनियावालो,
रास्ते तुमसे नाराज़ हैं!
पूछो क्यों, किसलिए?
शायद इसका कोई राज़ है!

यह वास्तविकता है
कि तुमने बस काम के समय
इन्हें पूजा है...
पर ज़रूरत के समय
देव इन जैसा
नहीं कोई दूजा है...

तुमने पहुँचकर मंज़िल पर
उत्सव मनाया
जन–जन को
चिल्लाकर
अपना अस्तित्व बताया...

कभी,
इनका भी आभार कहना
तुम्हें इन्हीं का है वास्ता
होगा न तुम्हारा अपना कोई रास्ता

मुझे कहने दो

तुम तो चुप रहे
सालों साल...
यह सोचकर,
कि राज़ को राज़ रहने दो...
लेकिन मैं
तुम नहीं हूँ
अब जो होगा
देखा जायेगा
मगर सच कहा जायेगा!

अमा यार क्यों
राज़ को राज़ रहने दो...
छोड़ो यह राग
मुझे अब सच कहने दो...

हर एक के पास
एक विस्तार है...
उसी से वे बीमार हैं
हर एक के पास
हैं लेकिन–किन्तु–मगर–परन्तु
और जीवन की यही मझधार है
सच अब भी धारदार है
कभी...लेकिन से बाहर निकलो
और

कुछ घटित होने से पहले
जो है ज़रूरी
वह कहो...करो...
बिना किये,
रोना तो सभी रोते हैं...

एक मासूम ख़ामोश खड़ा है

सभी को
भागते दौड़ते देख...
एक प्रश्न
उस बालक को पड़ा है
हो जाऊँगा गुम
किसी दिन
इसी दौड़ में,
तो फिर
चलना सीखना
क्या इतना ज़रूरी है?
चलते–चलते ही लोग
अपनों को भुला देते हैं...
चलते–चलते ही उनकी
एक दुनिया नयी बनाते हैं...
तब
पुरानी दुनिया
टूट जाती है
चलते–चलते ही फिर मंज़िल
दूर होती जाती है...

चलते–चलते ही
हर साथ छूट जाता है...

तो क्या चलना
इतना ज़रूरी है...
प्रश्न
उस बालक को पड़ा है

ख़ामोशी

ख़ामोशी,
अगर
पल भर की हो
बेशक़ीमती है
आपकी ख़ामोशी किसी का जीवन हो जाये
तब तो कुर्बानी है
हर एक मूक की
यही कहानी है
पेड़ कितने ख़ामोश होते हैं न!

एक बड़ा–सा ख़्वाब था!

एक बड़ा–सा ख़्वाब था
कि एक छोटा–सा घर हो जाये...
इस ख़्वाब को पूरा करते
सुबह को शाम करते
शाम को सुबह करते
कई सारे छोटे–मोटे ख़्वाब कुर्बान हो गये...

पहले,
कुछ और छोटे–छोटे
ख़्वाब देख तो लिया करते थे,
अब वो भी मुश्किल हो गया है
चलो आपको अपनी
कविता
ईएमआई अदा करके ही सुनायेंगे
अभी चलता हूँ
ईएमआई का वक़्त आ गया है!

भारत और इंडिया

भारत और इंडिया
क्या सचमुच इतने जुदा हैं!
कैसे?

भारत वाले जन्मदिन मनाते हैं
इंडिया वाले बर्थडे मनाते हैं

इंडिया में रात की जगमगाहट है
भारत में बिजली के इन्तज़ार की आहट है

एक तरफ़ गीत है, संगीत है
दूसरी तरफ़ शोर है, शराबा है
सभी का अपना अन्दाज़ है
अपना–अपना तराना है
फिर भी हमें गर्व है...
भारत के आईने में इंडिया है
लेकिन क्या इंडिया के शीशे में भारत है अभी?

चाहता हूँ...

बारिशों में नहाना चाहता हूँ
जी भर कर मुस्कराना चाहता हूँ
भर कर मुट्ठी
ख़ुशियाँ लुटाना चाहता हूँ...

रोज़मर्रा की फ़ेहरिस्त है बड़ी लम्बी
कभी–कभी
साँस लेना भी भूल जाता हूँ...
अमूमन फुर्सत मिलती नहीं
इसीलिए
अपने–आप से बात करना चाहता हूँ
जी भर कर मुस्कराना चाहता हूँ
ख़ुशियाँ जो मिल जायें
मुट्ठी भर के ख़ुशियाँ लुटाना चाहता हूँ...

क्यों

हर क्यों के
पीछे क्यों भागते हो?
सूरज आज देर से उगा है
चाँद आया नहीं अब तक
और न जाने क्या–क्या?

जैसे
फलाने ने ऐसा किया, क्यों?
ठिकाने ने वैसा किया, क्यों?
देश में ऐसा क्यों हो रहा है?
दुनिया में वैसा क्यों हो रहा है?
क्यों?
कोई जवाब नहीं...
दरअसल
'क्यों' से बाहर भी विज्ञान है...
'क्यों' से बाहर भी जीवन है...
कभी तलाश करो उसकी
वो आज भी तुम्हारे इन्तज़ार में है...

देर है अभी

सूरज उदय होने में देर है अभी
रात के समापन में देर है अभी

चलता मदमस्त पथिक
मंज़िल से अनजान...
सोचा है उसने बहुत–कुछ
किन्तु मिला कच्चा–पक्का
एक खुला आसमान

अँधियारा घना बहुत है
लेकिन
तारे व्यस्त हैं अभी
टिमटिमाते आकाश को देर है अभी...
उम्मीद है
दोस्त कोई
दिखायेगा मील का पत्थर!
ऐसे यारों के आने में देर है अभी

निहारिका क़ैद है
बादलों के घने जंगल में
इन्सान की साँसें गुम हैं
आने वाली साँसों को नापने में...
आँख भर कर देखूँ
उम्मीद के रास्ते

ऐसे रास्तों के आने में देर है अभी

चलते रहो अभी कई घण्टों
मंज़िलों को देर और है अभी!

निरन्तर रहो प्रखर
एक युग को अभी आना है
जो चल रहा,
ऐसे एक युग को अभी जाना है
एक हँसी का स्वप्न था
ऐसी ख़ुशी को आने में देर है अभी!

कुछ
दिनों से
मेरे शहर की बन्द हो गयी है घड़ी
उसे ठीक होने में लगेगी घड़ी–दो घड़ी
सोचते हो तुम्हारा वक़्त आ गया
न...
उसे देर है अभी

बस समय का फेर है
सही समय कल भी था
आज भी है
कल भी रहेगा
जागने वालों को देर है अभी

सोचता आदमी

आदमजात,
उसकी कनपटी के भीतर
अनगिनत भावनाओं के तीतर

समझ में कुछ आता नहीं
जो बीत गया वो जाता नहीं...
मन पूछता है
सवाल दर सवाल...
काश ऐसा हो जाता
काश वैसा हो जाता
ऐसा क्यों हुआ
वैसा क्यों नहीं हुआ
मँडराते रहता
गुज़रे वक़्त का पाश
साथ हैं टूटे हुए कई अहसास
ख़ुद ही दुश्मन
ख़ुद ही दोस्त
है एक सोचता हुआ आदमी...

जकड़न में उम्मीदें
उलझन में नींदें...
कोई मानव
बचता नहीं
हर

ललाट के पिछवाड़े
टूटे पत्ते
हँसते
पैर पसारे
रहता
'भावनाओं' का मौसम

चिर विद्यमान...
सोच रहती

सदा सर्वदा दैदीप्यमान...
उल्लास गुम होता
'भूल' के सागर में
दुःख, दर्द, तृष्णा
बची गतिमान...
ज़िन्दगी भर भागते रहता
उठाकर एक आक्रान्त
कहीं भी मिल जायेगा
सोचता आदमी
क्या ग़रीब क्या सम्भ्रान्त...

कभी यह कभी वह!

तर्क, लॉजिक से
बाहर का गणित है यह
समझाते रहते हैं
कई सारे
कभी यह कभी वह!

समझ नहीं आता
कुछ भी...
इच्छाएँ हवा हुईं सभी
एक आकृति आती है
मानस पटल पर,
हर कोई है समझाने वाला
तत्पर...
मिलता हर जगह
और देता ताकीद
कभी यह कभी वह...

ले पहुँचे समस्या
चावड़ी पर
नहीं थोड़ा भी
विश्वास स्वयं पर
नहीं पता सच किसी को
एक नहीं व्यवहार किसी का
इसीलिए सभी कहते
कभी यह, कभी वह...

फ़ैसला

जिरह हुई है
वाद हुआ है
प्रतिवाद हुआ है
और विवाद भी हुआ है

कोने में दुबका खड़ा है
मुजरिम!
इन्तज़ार में
कि सच उससे पूछा जायेगा...
वाकिया नये सिरे
से सुना जायेगा!

हक़ीक़त यह है कि
सच, मुजरिम के सिवा
किसी को मालूम ही नहीं...
जल्द ही तर्क और धाराओं
को खँगाला जायेगा...
एक दाँव-पेंच लड़ाया जायेगा
और सच, यहाँ गढ़ा जायेगा

देखो-देखो
जादुई रफ़्तार से
सच बुना गया है
तुम्हें कबूल है, क्या?

पूछा गया है

इश्क़ जैसा ही है
कुछ–कुछ
उसने कुछ नहीं कहा है!
पर
'हाँ' समझ लिया गया है
अदालत में आज और एक फ़ैसला हो गया है

सड़क के पार

सड़क के पार
इन्तज़ार कर रहा है
एक खुला मैदान
साथ ही एक खुला आसमान
लेकिन सड़क नहीं जाती
दोनों ओर...
इसीलिए
तुम्हारे पैरों को
पता ही नहीं
जीवन का वह द्वार
सड़क के पार...

कभी मिलना हो
अपने सपनों से,
कभी खुलना हो
खिलखिलाकर,
अपने अपनों से...
तो ठहर जाया करो
सड़क के किनारे
कर लिया करो सड़क
पार
बिना किसी तामझाम
बिना किसी
कश्ती

व मोटर कार,
दौड़धूप से दूर,
जीवन को खोजने का एक आसार!
बिना तामझाम के जो है
वहीं है वास्तविकता का समन्दर
जी भर डुबकी लगाओ

एक किरदार

ढूँढ़ो ज़रा मिल जायेगा तुम्हें
वो छूटा हुआ अक्स!
तुम्हारे अक्स का पहरेदार
तुम्हारा अपना किरदार...

उसके पास
उम्मीद का ख़ज़ाना था
बुलन्द हौसले थे
ख़ुशियों का तराना था...
और हाँ तब
न कोई शोर शराबा था...
सभी अपने थे,
न कोई बेगाना था

जीवन की गड्डमड्ड
सड़क पकड़ते ही
चार क़दम रोशनी में चलते ही
कुछ नये लोग मिले
कहते थे, दोस्त हैं...
संग उनके
कुछ पाया, कुछ खोया
बस
वो किरदार सिफ़र हो गया
अब खोजता है

हर जगह मान–सम्मान...
देखो सुदूर
झाँककर अतीत में
बेताब है अब भी
तुम्हारा वही पुराना
अपना पहरेदार
तुम्हारा अपना किरदार

एक कोशिश कर के देख

फिर बिसात जमा
ललाट की लाली चमका
एक क़दम बढ़ा कर देख...
मंज़िल और रास्ता
क्या किसी के
बाप के हैं?
तुझे भी मिलेंगे
तू
बस एक कोशिश कर के देख...

यूँ टेढ़ी सूरत न बना
मत हो अनमना...
क्यों कोसे क़िस्मत को
हर राह पर लिखा है
तेरा नाम...
बस मुट्ठी में थाम
खुला आसमान...

सच यह है
की कायनात,
तेरा ही कर रही इन्तज़ार
फिर क्यों ये तर्क का बाज़ार
अब की बार
दरवाज़े खोल कर देख
बस एक कोशिश कर के तो देख...

गिर पड़ना हार नहीं

गिर पड़ना हार नहीं
दोस्त
सन्ध्या, कहानी का सार नहीं...

हर पथ पर्वत का
होता है टेढ़ा मेढ़ा
और तुम्हारा मन
गड्डमड्ड और संकुचित
उस पर फिर उम्मीद का बेड़ा...
दोस्त
चोटी हर किसी के लिए नहीं
इसीलिए इतना यहाँ बखेड़ा!
ख़ैर, कोई बात नहीं...
किन्तु,
गिर पड़ना हार नहीं

संसार में
बुझे दीपक से
किसी को अनुराग नहीं,
जो चाहा नहीं मिला
मत समझो हारे तुम!
ये तो कोई बात नहीं...
यह जीत भी नहीं, हार भी नहीं...
गिर पड़ना हार नहीं

क्या हुआ था

घमासान हुआ था
हाहाकार भी हुआ था...
आदमी और आदमी
एक साथ बैठ गये थे
अपने–अपने धर्म
अपनी–अपनी जाति
को लेकर सट गये थे
प्रश्न यह भी था
जब धर्म पर बात है
तो फिर जाति क्यों?
किसी ने कहा
कब से कह रहे हैं
लेकिन जाति
इस देश से जाती ही नहीं!

ख़ैर,
आगे बहुत कुछ हुआ था..
मत पूछो क्या हुआ था?
औजारों का त्योहार हुआ था
कहीं अशालीन अट्टहास
कहीं अभूतपूर्व विलाप हुआ था
कोई नहीं था
किंकर्तव्यविमूढ़ !
और

हर एक का खाँका तय था...

बस
त्राहि त्राहि थी
हर ठौर
थी आँसू और मातम की बारात
क्या दिन क्या रात!
इन्सानियत
होकर बेवा
ढूँढ़ रही थी इन्सान को

इन्सान से याद आया
आजकल इन्सानियत
का पता नहीं मिल रहा!
आप पिछली बार कब मिले थे?

कुछ हुआ था

बच्चे सहमे बैठे थे
इस घमासान से अनजान!
हर जगह बस तूफ़ान...
सभी मिलकर अपने–अपने
प्रारब्ध
को बचा रहे थे...
कुछ मर रहे थे
कुछ मार रहे थे...
केवल यही भूमिका निभा रहे थे

सहिष्णुता का
बलात्कार हुआ था...
आँचल में
चेहरा छुपाये
पड़ी थी वह...
कहाँ–कहाँ से नहीं नोची गयी थी वह
बचाने वालों के लिए
बचाने वालों द्वारा
पहले परोसी गयी थी...
शहर के लिए एक,
एक सामान्य बलात्कार हुआ था
एक असामान्य शहर
सामान्यतः फिर गूँगा हुआ था...

फिर क्या था
कमेटियाँ बैठीं
इन्क्वायरी हुईं
धाराएँ लगीं
गिरफ़्तारियाँ हुईं

और एक तारीख़,
इतिहास में
गुम हो गयी
महीनों बाद, सालों बाद
याद नहीं किसी को
आख़िर क्या हुआ था...
नयी पीढ़ी ने जब पढ़ा
लगा
कोई उपन्यास बन पड़ा था...

जब भी पुराने
मिलते हैं
सभी कहते हैं
बुरा हुआ था....
सभी व्यस्त हैं
ठीक से याद नहीं

क्या हुआ था!

आपको याद है
ऐसा कोई वाक़या!
क्या हुआ था?

कहाँ है कविता

पंक्तियाँ टूट रही हैं
वाक्य सिमटने लगे हैं
अक्षर–अक्षर
लफ़्ज़–लफ़्ज़
बिखरकर पलायन कर रहे हैं...

समृद्ध काग़ज़ से उसकी
दौलत
निरन्तर कम हो रही है
कई आँखों से गुज़री है
कविता
कई मायनों से गुज़री है
हर किसी के लिए नहीं है
कविता...
सुना है, इन्सान से रिश्ता बनाती
है कविता...
अब, आज के
आदमी की फुर्सत की क़ैद में नहीं है
कविता...

मैं बोलना चाहता हूँ

हाँ यह मैंने कहा है,
हाँ मैंने इस बार
बोलने का
फ़ैसला लिया है

नहीं पता
तुम्हें
सच क्या है?
फिर भी तुम लोग
इस पर चर्चा करोगे
मुझ पर
तरह–तरह के इल्ज़ाम मढ़ोगे...

समाज का स्वर
जब निस्तेज
हो जाता है
तब अक्सर ऐसा होता है!
आगे भी होगा
तब भी कुछ लोग
कहने, ज़रूर आगे आयेंगे...
तुम बस अपनी कुर्सियाँ
सँभालना
तुम अपना भविष्य
सुरक्षित करना!

मेरी सम्पदा यही है
कि
सोते जनमानस से
सोती भीड़ से
मैंने
अपना नाम हटा लिया था...

एक क़दम
आगे बढ़ाकर
जो लगा ठीक,
तुम्हारी नज़र में
शायद कुछ सही, कुछ ग़लत
लेकिन
कुछ कहा था...

अब नामों–निशाँ
हटा दिया गया जायेगा मेरा
फिर छायेगा एक पहरा
उस समय फिर कोई आयेगा
नाम दूजा बतायेगा
तुम तब भी
अपना भविष्य सुरक्षित करते रहना!

पानी

पानी शान्त है
और अनन्त
सम्भावनाओं को
सँजोये हुए है...

पानी के
नाना स्वभाव हैं...
जैसे
शान्त रहना
बहना
बर्फ़ होना
पिघलना
लोहा काटना
फ़सल उगाना
तृष्णा शान्त करना
बादल बनाना
नाव दौड़ाना
मोती जनना...इत्यादि

क्यों उदास हो भाई,
तुमने नहीं सुना, वैज्ञानिक कहते हैं
हम में सत्तर प्रतिशत पानी है
समाज की व्यवस्था

में लोहा बहुत है!
तुम तो रोज़ बहते हो
अमा यार कभी लोहा भी काटो
सत्तर प्रतिशत ही सही!

गूँगे बोलते हैं

क्यों चाहते हो कि चेहरे बोलें
बिना किसी फ़ैज़ के
कोई लागर क्यों शब्दों की दुकान खोले

तमाशबीन है
चिर–काल से
कई दग़ाशियार सुनने वाले

उनके चक्षुओं में छिपा
अनन्त काल से,
एक सत्य खोटा!
जिसे दबाने तुमने
उनकी ज़ुबान का गला घोंटा...
भाई अब,
उनकी ज़ुबान को मत
खुलवाओ
भीतर के कोलाहल को मत
जगाओ

उनकी साँसें, आवाज़ व आकृति
आँख भर कर देख लेना
हर घटना को देख कर
ख़ामोश रहने वाले
ये गूँगे

ये गूँगे...
...आँखों से बोलते हैं
कभी पढ़ो उन्हें पूरा उपन्यास है
उपन्यास,
सत्य घटनाओं पर भी होते हैं
इन्हीं आँखों से ये गूँगे बोलते हैं

तुम्हारी व्यवस्था में इन्हें
ज़ुबान नहीं है...
जो कह दे कुछ
उसके पास जीवन नहीं है...
इसीलिए काली आँखों को
सत्य घटनाओं की क़ब्रगाह बनाये
कभी दायें, कभी बायें
ये चलते रहते हैं...
पढ़ो इन्हें, साधो संवाद
गूँगे बोलते हैं!

भविष्य बिक रहा है!

माँ–बाप अपने बच्चे को
सबसे अच्छे स्कूल
भेज रहे हैं...
कहते हैं जहाँ फ़ीस अधिक है
वहीं भेजना ज़रूरी है
तब जाकर बच्चा कुछ
बन पायेगा...
कुछ, अर्थात् जो माँ–बाप
चाहते हैं **वही**!

आज घर में बड़ी टेंशन है
बच्चा बारहवीं पास हो गया है
माँ चाहती वो इंजीनियरिंग करे,
पिता चाहते हैं आर्किटेक्चर करे
दादी चाहती हैं सीए बेहतर है
क्योंकि
इन सब में उज्ज्वल भविष्य है!
इसी चक्कर में
बच्चे का एक ख़्वाब 'थिएटर'
'थिएटर' का ख़्वाब टूट गया...
क्योंकि उससे भविष्य नहीं
ख़रीदा जा सकता!
अब माँ–बाप की सुन
बच्चा फलाँ–फलाँ बन गया है

लेकिन यह क्या
भविष्य अभी भी दूर है

चलो जल्दी करो
भई
अभी भविष्य ख़रीदना बाक़ी है
कहीं इन्वेस्टमेंट कर दो
इन्शुरेंस ख़रीद लो

पेंशन प्लान ले लो
अब जाकर
जान में जान आयी
लेकिन
फिर भी
भविष्य की चिन्ता सताती है
बहुत कुछ करना बाक़ी है अभी
सिवाय इसके कि
मन भर जीना बाक़ी है अभी
हर पल का त्योहार बाक़ी अभी
भविष्य की लिप्सा में
'आज' मर रहा है
उसे बचाना बाक़ी है अभी!

भविष्य धड़ल्ले से बिक रहा है
उसे ख़रीदने के लिए
आज को सँवारना बाक़ी है अभी

क्यों प्रवाह में बहते हो?

गाँव, ज़िला, राज्य, देश
और समाज की बात करते हो!
फिर क्यों हवा के सहारे
चलते हो
जहाँ चले प्रवाह
वहीं बहते हो...

कभी
अपना अक्स भी देखो...
छोड़ भेड़चाल
नया पथ बना के देखो!
याद रहे
चलकर संग हवा के
हवा हो जाओगे
नाम गुम हो जायेगा
दुनिया को चेहरा
बस प्रवाह का
याद रह जायेगा

क्यों अपने अस्तित्व
की ठिठोली करते हो?
एक भरे पूरे आदमी
क्यों ऐसे ही खो देते हो!

क्यों प्रवाह में बहते हो?

संसद में बातचीत हुई है

संसद में बातचीत हुई है
वॉल्यूम थोड़ा बढ़ गया है
लगता है
कि शोर हुआ है
तथाकथित सच की
अजीब आराईश हुई है

बस 10 टेबल टूटे हैं
20 कुर्सियों का स्थानान्तरण हुआ है
तू–तड़ाक से शब्दों की मुठभेड़ हुई है
फिर एक बार संसद में बातचीत हुई है

दीवार

देखी है एक साहिरा मैंने
रहती है
जो अचंचल
ख़ूबी एक और है
उसकी
कि है वो अचल...

अपने दोनों ओर बसाती
दो अलग दुनियां
एक तरफ़
माटी
दूसरी ओर
पानी और सीपियाँ...

देती वह गति को
पूर्णविराम
मानो कर रही हो
स्वयं
विश्राम...

ना कोई ढकोसला
बस
संग बुलन्द हौसला
करती एक चित्र

पारदर्शी
समझे उसे कोई एक
दूरदर्शी

इसके जन्म से उम्मीद बँधी थी
दोनों ओर होगा
अनन्त उल्लास
मान–सम्मान के साथ

रखेंगे भाई–भाई
एक दूजे का
भास

लेकिन
अब एक दूजे से अनजान
जी रहे दो इन्सान
ख़ुद ही लाते हैं
कभी नवनीत पल्लव
कभी आक्रान्त
कभी विप्लव...

वैसे दरार से बेहतर
होती है
एक
दीवार!

सन्नाटा

ना कुछ बढ़ा है
ना कुछ घटा है
मृदु छाह में विलीन
एक रश्मि आयी सिरीन

किया है
लालसा लिप्सा का परित्याग
ना अब चुपड़ी,
ना लाडू और ना साग
अब स्वयं से ही पूछो
कुछ प्रश्न
मिल जाये सही उत्तर
तब ही मनाना जश्न
मुख्य सवाल आज भी
मिर्च और आटा है?
जब तक न मिले यह
हर ठौर सन्नाटा है

देख सन्नाटा,
हो गया है अपनी
लघुता का अहसास
अब नहीं कोई आसपास
बस मैं, मेरा श्वास!

नहीं है तनिक दम्भ भी
नहीं कोई उल्लास,
न क्रन्दन, न आलाप
क्या पुण्य, क्या पाप
अब देह का अनुराग नहीं
छूट गया विलासित क्षण,
अब उसका राग नहीं!

हुआ जो भी सभी अशेष
नहीं मिला बहुत कुछ
लेकिन नहीं कुछ भी शेष!

जीवन के बियाबान के अधीन
बीता जो भी
था वही सर्वस्व
थी वही सम्पदा
जागती आँखों की नींद में
क्या मिलन, क्या सुधा!
छूट गया जो वो, न नफ़ा है
न घाटा है
देखो ध्यान से
हर शोर की जड़ों में
कितना सन्नाटा है

चलो, एक जाग लगाओ
बीते कल को देखो क्षण भर
अतीत में न डुबकी लगाओ!
किन्तु हर डुबकी का
एक भार है, एक भन्नाटा है
हर क़दम कितना सन्नाटा है...

चलो सन्नाटे में रंग भरें!

कविता किसलिए?

ज़रूर यह कोई नशा होगा
यह फिर प्रेम भी हो सकता है
माने पहला प्रेम
या अपना मन के बोझ को हल्का करने का साधन
शायद
टाइमपास
दिल्लगी
मानसिक बीमारी

या फिर बिना समन्दर किनारे गये
रेत पर बैठने का आनन्द
पहले प्रेम में दोबारा बीमार होने का मज़ा
जागते हुए सपने देखने का आनन्द

और हर उस निरंकुश को थामने का हथियार
जिसके समक्ष
सभी चुप हैं

पिताजी

मैं पिताजी को याद करूँ

इससे पहले वे खुद
आ जाते हैं
हवाई जहाज़ से भी
ज़्यादा तेज़ रफ़्तार से

पिताजी जीवन भर
साइकिल चलाते रहे!
घर के सारे संसाधन
हमारी ज़रूरतों के साधन
वे समय से पहले ही ले आते थे!

उनकी साइकिल
आज भी चल रही है
हम याद करें
उसके पहले ही वो आ जाते हैं

जब सोचता हूँ
तो लगता है
वे गये ही कहाँ हैं?
यहीं हमारे पास हैं
बहुत पास...
इसीलिए इतने जल्दी आ जाते हैं

वर्ना आपको तो
शहर के ट्रैफ़िक का अन्दाज़ा है...
कोई इतनी जल्दी
आ सकता है भला!

रावण

हर बार की तरह,
एक साल तुम्हारे बीच
राम को खोजते
मैं फिर आ गया हूँ
इस पुतले में, जिसे तुम जलाने वाले हो

फिर किसी बालक को
एक शाम का राम बनाओगे,
मुझ पर एक तीर चलवाओगे...

अफ़सोस, मैं तो जलता ही नहीं
हर बार की तरह फिर बच जाऊँगा!

अब तो हर साल बचते बचते
मैं भी ऊब गया हूँ
मैं भी परेशान हो जाता हूँ
और सच यह है
अक्सर जब आईने में देखता हूँ
तुम्हारा ही सा प्रतिबिम्ब पाता हूँ

ध्यान से देखना कभी,
रावण आसपास ही है कहीं,
बहुत पास
शायद

कुछ पल, कुछ दिन
कुछ साल के लिए ही सही
रावण पुतले में नहीं, तुममें रहता है किरायेदार होकर

जिस दिन उसे पहचान लोगे
रावण ख़ुद ही बिना जले चला जायेगा
तुम्हारी दुनिया से
इस उम्मीद के साथ कि तुम उसे मुक्ति दोगे

सवाल

सर्वविदित है यह
जन्म से लेकर
मरण तक
जीवन का हर हिस्सा
छोटा हो या बड़ा क़िस्सा
सवालों की भेंट चढ़ जाता है

जैसे बचपन में
मिट्टी खायी क्या?
मस्ती, तुमने की क्या?
फिर विद्यालय
महाविद्यालय
जहाँ–हर महीने,
हर बार होती है सवालों की बौछार
फिर
नौकरी के लिए सवाल
चाकरी में वरिष्ठ या मालिक के सवाल
व्यवसाय में ग्राहक के सवाल
घर वालों के सवाल
बच्चों के सवाल

और हाँ
मोटरसाइकिल पर
बस में

लोकल ट्रेन में
चलते समय तुम ख़ुद भी
रोज़ ख़ुद से ही
पूछते हो अनगिनत सवाल!

वास्तविकता है यह भी,
ख़ुद के सवालों के लिए
भी
दरअसल कभी भी तुम्हारे
पास
नहीं थे सौ प्रतिशत सही उत्तर...
तुम यह जानते हो
लेकिन जब–जब तुमने
किसी से पूछा है
सवाल,
उम्मीद की है हमेशा
शत–प्रतिशत सही उत्तर की!
चाहे वे सवाल ख़ुद से ही क्यों न पूछे हों

कर सको अगर कुछ तो,
इन्सानों में इन्सान बस तलाशो
सवालों के उत्तर तो फिर कभी मिल ही जायेंगे...

घनेरे साये

ऐसा नहीं है
कि
अच्छाई–भलाई सिर्फ़
किताबी बातों में क़ैद है

जब भी कवायद होती है
कुछ अच्छा करने की
किसी परिवार में
किसी मोहल्ले में
किसी ग्राम में
किसी नगर में
किसी राज्य में
या किसी देश या फिर विदेश में...

अपना हित
टटोलते लोग
अपना हित
बोते लोग
घनेरे साये में आते हैं
व्यवस्था के पास...
और घटना क्रम बदल देते हैं
फिर अपने–आप बदल जाता है
परिवार
मोहल्ले,

देश–विदेश
का भविष्य...
और घने साये
हो जाते फिर से सर्वसाधारण...
वे पूरी रात लगा देते हैं
तैयारी में,
एक नये स्वाँग की
फिर किसी को
भटकाने
फिर अपना काम जमाने...
किसी
मोहल्ले–नगर
में
फिर घने साये में
पहुँचना है उन्हें
व्यवस्था की नियमावली
अपने अनुरूप करनी है उन्हें

महानगर

महानगरों
की
सड़कों पर दौड़ती बसों में,
सुबह शाम लोकल ट्रेन में
मोटरसाइकिल
मोटर कार संग
घण्टों ट्रैफ़िक में
ग़ज़ब का सुकून है
यह सच है, वर्ना
लोग इसका लुत्फ़
ऐसे ही नहीं उठा रहे होते

सुना है
उच्च शिक्षा से कैरियर बनता है...
'कैरियर' वो महानगरीय शब्द
जिसका अन्य भाषाओं में
केवल लिप्यन्तरण हुआ है!

सुना है
तुम्हारी,
उच्च शिक्षा पूरी हो गयी है!
अब, तुम भी कैरियर बनाने
महानगर जा रहे हो...
कैरियर बनाने...

मतलब सुकून पाने
जीवन सफल बनाने...
अभिनन्दन!

मैंने सुना है
वहाँ ख़ुद से भी लोग
केवल आईने में मिलते हैं
सुकून तलाशते समय

गुम हुई एक कविता!

मुझसे अक्सर एक
अपराध हो जाता है

रोज़ ऑफ़िस आते–जाते
देखता हूँ
रास्ते में शब्द ओढ़े खड़ी है कविता
मैं थमना चाहता हूँ
लेकिन शहर
शहर में जीने की मशक्कत
धकेल देती है मुझे आगे
और जो खो गयी तो
फिर नहीं मिलती वह कविता

मैं ढूँढ़ता हूँ
उसे बहुत
मगर
नहीं मिलती
संवेदनाओं की फिर वही सरिता...
क्या तुम्हें कभी मिली
जो छूट गयी
वही कविता!

मैं सज़ा का हक़दार हूँ भाई!

अमरूद

सड़क किनारे एक सरकारी
दफ़्तर में
अमरूद के पेड़ पर
अमरूद लगे हैं...
अमरूद अभी कच्चे हैं,
लेकिन
तोड़ने वालों के इरादे पक्के हैं!

चपरासी से लेकर अफ़सर तक,
कर रहे हैं इन्तज़ार
हर राहगीर की आँखें ललचायीं
परेशान कर रहा आकार

मन्त्रीजी से पीए ने बताया
अमरूद पक गये हैं
जल्द ही नहीं तोड़े
तो लोग ले जायेंगे
मन्त्रीजी ने कहा
ये अमरूद उन्हें ले जाने दो
हम यहाँ पेड़ काटने आये हैं

रास्ते में कविता

रास्ते में चलते–चलते,
या फिर दफ़्तर से घर आते
रास्ते में
रास्ता गुम हो जाता है मेरा

कविताओं का रास्ता प्रारम्भ होता है
नये
शब्द जन्म लेते हैं
विषय स्फुटित होते हैं...
कविताएँ खिलखिलाते हुए झलकती हैं
मुस्कराते हुए चलती हैं

एक कविता
दूसरी कविता
तीसरी कविता
साथ चलती है मेरे
अद्‌भुत रहते ये कल्पनाओं के घेरे
और तभी अकस्मात्
सिग्नल पर गुम हो जाती है कविता
फिर से
हो जाता हूँ पथिक अकेला
भुलाये नहीं भूलता
वो प्रतीकों का मेला

बस नहीं मिलते वही शब्द
वही पंक्तियाँ, वही लड़ियाँ
अब ढूँढ़ते–ढूँढ़ते
परेशान हो गया हूँ

तुम्हें कभी मिले तो बताना
मैं बरसों से इन्तज़ार कर रहा हूँ

ज़िन्दगी, इतनी आसान नहीं है!

कभी पतझड़
कभी बैसाख
अधूरी रही ख़्वाहिशें
मिली फटी पोशाक
इच्छाओं का आरम्भ–अन्त नहीं है
ज़िन्दगी, इतनी आसान नहीं है!

मधुघड़ियों की निचोड़ी स्याही
मानस पिक का श्वास
देखा जो, वही हुआ ह्रास
हर चेतना में
प्रफुल्लित
एक नव किरण का उत्साह
देखूँ सपना, देखूँ दाह
स्वर, व्यंजन या मौन से
लबालब
किसी आत्मिका का मिलन नहीं है
ज़िन्दगी, इतनी आसान नहीं है!

हर मोड़ पर ढूँढ़ता शृंगार
हाथों से दूर पड़े मोहक उपहार
उपहारों पर खड़े आँख पसारे
नहीं दिखे तुम्हें
संग तुम्हारे ही वे, तारिकाओं के तारे

कब कहा कवि ने
हर प्रश्न हल ही हो
क्यों हर पौधे के भविष्य में
सौंधे फूल फल ही हो

नज़र बदले, तो दिखे
दोष हर एक भूमिका में
क्रन्दन में क़ैद हुई मानव मुस्कान
दैनन्दिन है बोझिल हर क्षणिका में
मत लिखो केवल सौन्दर्य और मौन
हर कविता में
पग–पग दुर्गम राहगीर का
चलते रहना बस खेल नहीं है
ज़िन्दगी, इतनी आसान नहीं है!

अँगीठी में कुछ आग है अभी

अविरत चलता है मुसाफ़िर
मृगतृष्णा में कैसे मिलता नीर
मायाजाल पग–पग पर
हर कौर मिला क्षार,
जहाँ थी आशा, मिली खर–पतवार
फिर भी
अँगीठी में कुछ आग है अभी
ख़ामोशी में एक तूफ़ान है अभी

सोचो बस इतना ही
जो जल गया
वो कल है
जो बच गया
वो नया पल है
खोजो सर्वहित के ख़ातिर
नहीं मिला जो
ख़ुशबुओं का एक बाग़ है अभी
चेतना का तालाब भी है
और
अँगीठी में कुछ आग है अभी
ख़ामोशी में एक तूफ़ान है अभी

ताण्डव

न चिन्ता है
न रोष है
न उन्माद है
न हँसना है
न रोना है
आँखों के खाई में
सुप्त चेतना की परछाईं में
देह की
हर परियोजना के पहले
हर किसी के भीतर
एक नितान्त
एक बोझिल
एल निरन्तर
एक मनोरम

स्वप्निल पराकाष्ठा को सँजोये
अपरिहार्य ताण्डव है
हर किसी के पास
हाँ, ठीक सुना आपने–हर किसी के साथ

एक चिड़िया हुआ करती थी

आँगन में खाट हुआ करती थी
घर के भीतर चौबारा था
एक चूल्हा था
जिस पर रोटियाँ सिंकती थीं
तरकारी बनती थी
एक भरी पूरी
शाम हुआ करती थी
गोधूली से
वातावरण सराबोर होता था
जिसमें से निकलकर
फुदक–फुदक कर
खेजड़ी के पेड़ पर
वह चहचहाती थी
अपने तरीक़े से मुस्कराती थी
बच्चे उसे पकड़ने दौड़ते
या, पल प्रतिपल निहारते
न इधर जाती, न उधर जाती
हर शाम हमारे ही आँगन आती
मानो
किसी महाकाव्य की रूपक हुआ करती थी
आँगन में एक चिड़िया हुआ करती थी

आँगन में चहक
मिट्टी की सौंधी महक

परिवार के संग
कुछ मवेशी और पेड़ पौधे थे
सब परिवार के हिस्से थे
इसी से जीवन का अद्‌भुत तराना था
अपनों का
हर ख़ुशी
हर तकलीफ़ में आना–जाना था

हर किसी का, हर किसी के लिए
अपनत्व था
न हो जिसमें सादगी ऐसा
कोई नहीं था
हर शाम अपनों का आना–जाना था
चहल–पहल थी
बच्चों का, डोकरों का ताना–बाना था
मैं देर से कभी घर आता
तो वो आँख भर के देखा करती थी
एक चिड़िया हुआ करती थी

सावधान गौरय्या लुप्त हो रही है

आँधी

फूलों ने जान गँवाई
कलियों ने गँवाया यौवन
हर तिनके के हिस्से आया
हवा का झोंका सौ मन...
कहीं पथिक का पथ गया
कहीं गयी किसी की ईमानदारी
विवेक टूटा कहीं
कहीं छूटी लाज से पहरेदारी
तब तो
मनुज से मज़बूत है
आँधी की करतबगारी
ज़रा अपना जी टटोलिए तो!

चाहता हूँ

अपने तरीक़े से
लहरों को थामना चाहता हूँ
आग धरकर
सारा जहाँ घूमना चाहता हूँ
एक बूँद थामे
सारी तृष्णा बुझाना चाहता हूँ

भीड़ में रहता आया हूँ
भीड़ की रस्में निभाते आया हूँ
अब भीड़ को नाम देना चाहता हूँ
समन्दर में खोने से पहले
मीठी थी जलधार
उसे यह बताना चाहता हूँ

अँधेरे में चाँदनी न सही
होकर तारा टिमटिमाना चाहता हूँ

अपने तरीक़े से
लहरों को थामना चाहता हूँ

ये दिन भी निकल जायेंगे

तपती किरणों का उत्सर्जन...
थकता शरीर
हो रहा
उम्मीद और विश्वास का विसर्जन...
डगमग होते पग मेरे
घूमते आँखों में उलझनों के फेरे
एक चाह का दृश्य टूट जाता
स्वप्न बस एक ख़याल रह जाता
गड्ड–मड्ड रह जाते नियोजन सारे
मत टूटो
नहीं अकेले तुम वक़्त के मारे

पहिये समय के... बदल जायेंगे
ये दिन भी दोस्त, निकल जायेंगे

उजालों में भी परेशान
सब रहते ईंट–पत्थर, न कोई इन्सान
फिर से दरवाज़े खटखटाओ
शायद, कुछ इन्सान निकल आयेंगे
ये दिन भी दोस्त, निकल जायेंगे

प्रतिशोध

बहुत कुछ मिल न सका इस जहाँ से
देखा था दृश्य वह खिल न सका इस जहाँ में
चलता रहा मैं फिर भी

चाहा बहुत कुछ...
कुछ मिला भी,
कुछ छूटा भी
देखता हूँ
नियति को तब
जागता है प्रतिशोध मेरा
उससे नहीं कोई
दुराग्रह
ना उसका
तिरस्कार...
प्रसन्न हूँ कि है अभी हिम्मत
और बचा है प्रतिशोध मेरा

तुम्हारे हैं

ये खिलत गुलाब तुम्हारे हैं
ये हँसते बाग़ तुम्हारे हैं
ये महल तुम्हारे हैं

ये नदियाँ तुम्हारी हैं
ये बस्तियाँ तुम्हारी हैं
ये विज्ञान तुम्हारा है
ये विजय तुम्हारी है

ये
ये
ये

बस याद रहे

अस्पताल में इलाज को तरसता
इन्सान भी तुम्हारा है
दंगा कराता, दंगे में मरता
इन्सान भी तुम्हारा है
सड़क किनारे दो–जून रोटी माँगता
इन्सान भी तुम्हारा है

विप्लव

जनता का पैसा
जनता के लिए योजनाएँ
जनता की भागम–भाग
जनता की भूल

हर भूल के बाद
फिर वही ज़मीन
केवल नयी खाद
फिर हाहाकार
फिर प्रचार
फिर सम्मोहन
फिर दोहन

एक शिशु सोया है
सभी के यहाँ
प्लीज़ उसे जगा मत देना
उसका नाम है विप्लव!

नादानी

तर्क धरे रह जाते
बुद्धि भ्रष्ट हो जाती

बिन पिये
हो जाते मतवाले
न दिखते आगामी छाले!

फिर शरीर को ताप
ग्लानि और पश्चात्ताप
सोचता मन
समय कब बीतेगा
कल पर कल
कब जीतेगा
खाली–पीली मन परेशान
दिखते अतीत के निशान
क्या तो धोती
क्या तो कोट
क्या तो खादी
हर किसी से हो रही नादानी!

उत्सव

श्मशान में एक शव आया है
अपने पराये
अपनी भाषा में
अपनी तरक़ीब से
अपनी रस्मों से
रो रहे हैं
अलविदा कह रहे हैं...

आदमी या तो ज़मीन में
सो जायेगा
या अग्नि में विलीन हो जायेगा!

अपने पराये, सभी
जाने लगे
सिवाय चिथड़ों में खड़े
उस बच्चे के
जो सिक्के बटोर रहा है
और रस्मों के नाम पर
बचा हुआ
घर ले जा रहा है

उसके चेहरे पर
ख़ुशी है
उसके लिए आज उत्सव है!

आज त्योहार है!

किसी ने
अभी–अभी
तुम्हारे
आँसुओं को पोंछा है
सान्त्वना दी है
मार्ग दिखाया है
टूटने से बचाया है
दो पल हँसाया है
तो समझो
आज त्योहार है...

तुम भी
आज ख़ुद से मिले हो
घर समय से पहुँचे हो
अपनों संग मुस्कुराये हो
अनायास ही
किसी धुन पर गुनगुनाये हो
तो समझो
आज त्योहार है...

दोस्त ये क्या बात हुई!

बैठ किनारे नदी के
नाव का इन्तज़ार करते
एक सदी गयी
और तुम चल दिये?
दोस्त, ये क्या बात हुई!

कहकर दुश्मन से मन की बात
कोई उत्तर नहीं आया
तुम रुके ही नहीं
तोपखाने की ओर चल दिये
दोस्त, ये क्या बात हुई!

सपने जो कल देखे थे
आज हवा हो गये!
और तुमने
ख़्वाब देखने बन्द कर दिये...
दोस्त, ये क्या बात हुई!

भयानक

आदमी को धोखा दे रहा आदमी
आदमी को मार रहा आदमी
चमक—दमक
चकाचौंध
में सना हुआ,
एक दिन वह थम जायेगा
ख़ुद ही ख़ुद से
एक दिन बाहर निकल जायेगा
नहीं समझता
न जाने क्यों
आदमी!

ख़ुशियों के बीच
मौत अब आम बात है
कहाँ कोई
संवेदना
या
जज़्बात है
चाय की चुस्कियों के साथ
मज़े में
ऐसी ख़बर
पढ़ रहा,
देख रहा
आदमी!
कितना भयानक हो गया है आदमी!

मधु स्वप्न

अकेले में ख़ुद के साथ
अचानक से
अक्स ने छुआ हाथ...

अब
न आने वाले कल की पुकार है
न बीते कल की टूटी सितार है
जैसे समय थम गया है
हौले से
घड़ी की 'टिक टिक' साफ़ सुनायी दे
जुगनुओं की फुलझड़ी दिखायी दे
तुम खो जाओ इस तरह
पहले न मिले ख़ुद से इस तरह
मन
उड़ने को तैयार हो
तुम उड़ जाने को तैयार हो
तभी
एक रश्मि तुम्हें भीतर से जगाये...
और
तुम्हारे भीतर का पंछी तुमसे
कहता है
यह मधु स्वप्न था!

वाशिंग मशीन

साहब यह चीज़ बड़ी ग़ज़ब की है

सारे कपड़ों को मिला देती है
फिर हिला देती है
और धो देती है

इस सदी के कैलेंडर में
एक नया त्योहार लिखा है।
एक वाशिंग मशीन
हर गली हर दिशा
हर धर्म, हर जाति, प्रदेश
को घोल कर
साफ़–सुथरा–एक जैसा कर देगी।
सारा मैल एक बार में धुल जायेगा
बस, केवल इन्सान बाहर आयेगा

आप कहो तो डाल दूँ सभी को इसमें!

अमाँ यार, क्यों रोते रहते हो!

जो चाहा वो हो न सका
जिसे मन से छुआ,
वो अपना हो न सका
परेशानियाँ आयीं
नाकामियाँ आयीं
उदासियाँ आयीं

अरे भाई यह क़िस्सा आम है
ज़िन्दगी इसी का नाम है
क्यों उदासियाँ कहते रहते हो
अमाँ यार, क्यों रोते रहते हो!

पनघट पहुँचकर रेत मिली,
रिश्तों के नाम, दुखड़ा
यह हर दौर की रीत है
किसे मिली सदा चुपड़ी
किसे मिला मनचाहा मुखड़ा...
अनायास ही, सोचते रहते हो
अमाँ यार, क्यों रोते रहते हो!

जो आज है, वो कल नहीं
जो कल है वो पता नहीं
जो नहीं है पता किसी को

उसके लिए, क्या तो रोना
क्यों, बेकार किसी से कहना
बिन मतलब, क्यों बेचारे होते हो...
अमाँ यार, क्यों रोते रहते हो!

प्लावन

मानव सभ्यता के
विकास में अथक परिश्रम था
तुम्हें
आदमी से इन्सान बनाने का!
तुम्हें
सही ग़लत, परिभाषाएँ बतायीं
जीवन जगने की शैली समझायी

झुण्ड में रहने वाला आदमी
भीड़ में है या अकेला है?
यह अभी प्रश्न ही है!
देखे तो लगता है
भीड़ है या चीड़ वन है
चींटी–सा गुम, जन जन है
आज, समाज की परिभाषा
बन्दूक़ में क़ैद है
नहीं पर किसी समाज को खेद है!
अपनी कमर बचाकर
पतलून अपनी बचाकर
बचा रहा हर कोई
बस अपने को, अपनी कमाई
और गहरी होती यह खाई

अब भी देर हुई नहीं

खुला आसमान है यहीं!
खोलो अपने नेत्र
दिखेगा अनन्त आकाश
उसी में तुम्हारा प्रकाश

छुओ उसे
महसूस करो
उससे बात करो

मत सोचो
कि कल उसे क्यों
छू नहीं पाये
समीप नहीं जा पाये
मिल नहीं पाये

इसके लिए भीतर एक
प्लावन की ज़रूरत है

है तुम्हारे भीतर ऐसा प्लावन?

दूसरा क़दम

पहला क़दम हर किसी को
याद होता है
जीतने वाले को भी
हारने वाले को भी

आत्मकथाओं में
परीकथाओं में
कथाओं में
भी
केन्द्र होता हैं 'फर्स्ट स्टेप'
या
पहला क़दम!
यह वही पहला क़दम होता है
जिसे बढ़ाकर
शख़्स
शख़्सियत बन जाता है

बिरले ही याद
रखते हैं दूसरा क़दम भी!
जिसके साथ बिना
पहला क़दम अपाहिज होता!
होता केवल शख़्स
शख़्सियत न होता...

ध्यान से ढूँढ़ो
आसपास ही होगा
तुम्हारा दूसरा क़दम...
बिन जिसके अधूरा है
तुम्हारा पहला क़दम...

श्मशान की फॉर्मेलिटीज़

तुम अब,
खुल कर नहीं हँसते
न न
मुस्कुराते भी नहीं
गले नहीं मिलते
टपरी पर चाय नहीं पीते
गप नहीं मारते!

तुम्हारे पास
चिल्लर नहीं है
अपनों के लिए टाइम नहीं है
अपने लिए भी नहीं

दोस्त,
लगता है, तुम मर चुके हो
श्मशान की बस
फॉर्मेलिटीज़ बची है!

विकास

मेरे समय में विकास का
बड़ा औचित्य है!
मैंने विकास तो नहीं
किन्तु
उसके शहर को देखा है

एक किलोमीटर रेंगने में
जहाँ आधा घण्टा लगता है!
हवा में साँस लेता हूँ
तो दम घुटता है
हरियाली के नाम पर
पार्क में चार पेड़ खड़े हैं
आठ जोड़े उन्हीं को सटकर अड़े हैं

स्कूलों ने सिखाने का प्रपंच मचाया है
बच्चा, अपने से दुगुना बस्ता लाया है
फास्ट फूड पन्द्रह मिनट में पहुँच जाता है
मरीज़, एम्बुलेंस के इन्तज़ार में मर जाता है

त्योहार वाले दिन, पड़ोसी पाटील साहेब
मॉल में शॉपिंग करते मिल गये
एक अरसे बाद दुआ सलाम हुआ है

शहर, विकास का मापदण्ड है
वहाँ ज़ोरदार विकास हुआ है...

आपने महसूस किया होगा विकास!

पेड़ सब कुछ देख रहा है

शहर में बचा हुआ,
एक पेड़
सब कुछ देख रहा है
एक वृद्ध नीचे छाँह सेंक रहा है

पेड़ के समीप से
एक यात्री पैदल गुज़र जाता है
एक साइकिल धीमे से गुज़र जाती है
एक मोटरसाइकिल तेज़ी से गुज़र जाती है
एक हवाई जहाज़ और तेज़ी से गुज़र जाता है

हर गतिमय
गुज़रते–गुज़रते गुज़र जाता है
गतिमय ने गति के समय
कुछ नहीं देखा
या देखकर भी अनदेखा!

किसी का ध्यान नहीं है
अब भी शहर में एक पेड़ जीवित है
वो सब कुछ देख रहा है,
जाने कौन, कब कुल्हाड़ी ले आये!
कुल्हाड़ी धारदार होती है
वह केवल
पेड़ों की बैरी नहीं!

गौरय्या

अब वो गौरय्या दिखती ही नहीं
गुम–सी हो गयी है
कभी जिसके फुदकने से
जिसके चूजों की चहचहाहट से
हमारा कुनबा सराबोर था
वह अब नदारद–सी हो गयी है
तभी बचपन का
एक किरदार आकर मुझे कहता है
वह दाना लेने दूर देश गयी है

गौरय्या, गुम–सी हो गयी है

दरअसल वो कभी बता न पायी
मोबाइल के किरण–उत्सर्जन से
उसकी पीढ़ी ख़त्म हो गयी है
तरक्की का बड़ा दंश सह गयी है
चुपके से, आहुति दे गयी है
तुम समझ रहे हो न
गौरय्या, गुम–सी हो गयी है

पूछेंगे

यहाँ सब लोग तुमसे पूछेंगे!
पहले तो
नाम पूछेंगे
फिर उपनाम पूछेंगे
जाति पूछेंगे
धर्म पूछेंगे
प्रदेश पूछेंगे

सभी के पास अपने–अपने नायकों
के फ्रेम हैं
हर कोई तुम्हें बैठना चाहेगा
अपने–अपने तौर–तरीक़ों मे
सभी अपनी–अपनी जगह सही हैं

मगर तुम तो उन्मुक्त
भटकना चाहते हो
यायावरी में भीगना चाहते हो
तब क्यों खड़े हो
वोटिंग कार्ड बनाने की लाइन में!

उठकर धरातल से ऊपर
स्वयं ही तुम
ढूँढ़ क्यों नहीं लेते
पंछियों की तरह
एक उन्मुक्त गगन...

चल सकोगे?

चौड़ी सड़क तो नहीं,
मगर हाँ
एक राह ज़रूर देखी है!
चल सकोगे?

मर्ज़ की दवा तो नहीं
मगर हाँ
दुआ देखी है
माँग सकोगे किसी के लिए...

नदी किनारे नाव तो नहीं
मगर हाँ
विपरीत लहर देखी है!
तैर सकोगे?

तुम्हारी मंज़िलों की राह नहीं
मगर हाँ
एक ख़ुशनुमा
पगडण्डी देखी है
नाप सकोगे?

यह सभी क्रियाएँ
तुम्हारे होने का वुजूद है!
चल
सकोगे वुजूद के साथ

धनवान

कोठी वाले
बाबा के पास जाते
अजी, कोई सा भी बाबा ले लो
कार वाले
मन्दिर, मस्जिद, गिरिजाघर जाते
अजी, कोई सी इबादतगाह ले लो

नीले आसमान में ही देख लेते हैं
तुझे
जिनके नहीं है, ज़मीन पर घर...

सूरज उन्हें गुड मॉर्निंग करता
रात में चाँद गुड नाइट है करता

वे लोग ग़रीब हो सकते हैं
लेकिन कमज़ोर नहीं!
क्या तुम्हें नहीं लगता वे धनवान हैं!

भिखारी

बच्चे माता–पिता से
माँगते रहते
माता–पिता, दादा–दादी
से माँगते रहते
नेता जनता से
माँगते रहते
जनता ऊपरवाले से
माँगती रहती
आम इन्सान
अधिकारियों से माँगता
शायद...हक़!
अधिकारी हर किसी से
माँगते रहते
शायद...रिश्वत
मरीज़ डॉक्टर से
इलाज माँगता रहता
डॉक्टर मरीज़ से
फ़ीस...माँगता रहता...

कार्यक्रम का एजेंडा था
शहर में भिखारी कम कैसे करें?

एक भिखारी ने
(आसपास खड़ा कोई सा भी ले लो)
यह कविता नेताजी को सुना दी!
भिखारियों की सभा बर्ख़ास्त हो गयी

भाई, यहाँ बोलना गुनाह है

ये भूलना मत
तुम्हारा मन तुम्हें
कितना भी जगाये
तुम जागना मत
मन तो भोला है!
कुछ भी कह देना
मतलब समझा देना...
बस यह याद रहे,
ग़लती से बोलना मत
तुम बोलना मत

बन जाना कोल्हू का बैल
झूम कर चलते रहना
जब तक तुममें है जान
कहना, सिस्टम है महान!

कहना—मतलब
मन में कहना
क्योंकि बोलना मना है!

जिस दिन लगे कि
ज़मीर तुम्हारा ज़िन्दा है
उस दिन जब जी करे
जहाँ करे

तभी
चिल्ला–चिल्ला कर बोलना!
क्योंकि बोलना अपराध है
किन्तु नहीं बोलना जघन्य अपराध!

गाओ झूम कर

दोस्त,
कभी झूम कर गाते भी हो?
या कभी गाते हुए झूमते हो!

बहुत सीरियसली मत लेना
यह तो बस ऐसे ही...
है शब्दों का खेल
बस समझना चाह रहा था
दिमाग़ और दिल का तालमेल...

कभी–कभी झूमा करो
बिन पिए भी!
कभी–कभी गाया करो
बिन झूमे भी...

अब यह मत पूछना क्यों
कहाँ लिखा है
किसने कहा है
वग़ैरह वग़ैरह...

और कुछ नहीं तो कम से कम
इतना समझ लो
की सेहत के लिए अच्छा होता है!

राह मिली नहीं!

पूछते रहे लोगों से
हर बार!
यह
सही है या ग़लत?
भरोसे दूसरों के
हर क़दम भ्रमित
फिर पूछते सवाल
फिर होते बेहाल
फिर नयी कहानी
फिर हमारी बेज़ुबानी...

कभी ख़ुद के दम चले नहीं
कभी अँधेरे से लड़े नहीं
एक गीत लिखा था,
वह, गाते रहे बस
हमें राह मिली नहीं

अमरता की आस नहीं

अमरता की आस नहीं
सोलह पकवानों का गास नहीं
फ़क़ीर को कहाँ कोई चाह
और नहीं चाहिए कोई बाँह

क़दमों में जब तक जान है
चलते चलो
जिस दिन नप जाये ज़मीन
देखना ऊपर
रह गया खुला आसमान है

वह समन्दर जैसा ही अथाह है
अनन्त है
और रंग–बिरंगा भी
किन्तु
व्यर्थ, उसे भी नापने की बात है

जब ऐसा संज्ञान
तुम्हें हो जाये
तब तुम्हें भी लगेगा
भौतिकता कुछ ख़ास नहीं
और रहेगी
अमरता की कोई आस नहीं!

कभी–कभी झूठ बोला करो

जिस दिन तुम्हारे झूठ से
किसी की अस्मिता बच सके,
किसी को जीवन मिल जाये,
सूखे पेड़ पर कोपलें आ जायें,
देश की गरिमा बच सके,
चिथड़ों में दबी सच्चाई जी जाये
और
किसी का नुक़सान न हो
ईमानदारी
की इज़्ज़त भी बच जाये!
उस दिन
जब समय की पुकार हो
समय का तुम्हीं पर
दारोमदार हो,
तब
तुम झूठ बोल देना!
बस याद रहे
उस झूठ की आत्मा में सच हो!

यह भी तो नाराज़गी है

मैं मेरे दोस्त से कहता हूँ
जो आपके और मेरे
आसपास ही रहता है

अमाँ यार तुम भी अजीब हो
कभी नाराज़ नहीं होते

मसलन
बम फोड़े जाते हैं
रोड पर इज़्ज़त नीलाम होती है
घोटाले होते हैं
दंगे होते हैं
हर बार तुम ही बेवकूफ़ बनाये जाते हो!
हर बार तुम ही मरते हो!
फिर भी तुम नाराज़ नहीं होते!

नहीं होते नाराज़ तुम
न अपने से
न किसी और से
और
फिर निकल जाते हो
बस में
लोकल ट्रेन में

साइकिल या मोटरसाइकिल पर
रोज़मर्रा की तरह

दोस्त कहता है
मैं इसी तरह अपनी नाराज़गी दर्ज कराता हूँ!

मैंने एक पेड़ लगाया था

जीवन में
जीने का तानाबाना
किसी गणित से कम नहीं!
लगता था,
दिन–रात जोड़ा–घटाया
कितना कुछ हमने बनाया
कितना कुछ हमने घटाया

दरअसल
देखा जब बूढ़ी आँखों से
सब, ईंट–पत्थर का था
रिश्तों, में बस मतलब था
अब इस बूढ़े किरदार की ज़रूरत नहीं
हो तो भी ठीक है
नहीं हो तो कोई बात नहीं

अब हताश, चिन्तित और हूँ थकाहारा
कैसे, पहुँचकर चोटी पर मैं हारा?
तभी याद आया,
पास ही मैंने एक पेड़ लगाया था
जाकर मिला उससे
छाँह में बैठा उसके
और बातें हुई हज़ार

चुप रहकर भी बोला मुझसे वह
सौ बार...

मैं हँस दिया,
लगा, अपने होने का दुनिया में
एक कारनामा कर आया था...
मैंने पेड़ लगाया था!

इतना काफ़ी नहीं

कभी जीत में कभी हार में
कभी धूप में कभी बयार में,
कभी
रेत की गर्म हवाओं में
तो कभी
हिमानी की शीत धमनियों में
अगर तुम साँस ले चुके हो
और सोचते हो
अब कुछ बाक़ी नहीं
तो याद रहे
जीवन की इस राह में
इतना काफ़ी नहीं

आशाओं के टूटने से
अपनों के चले जाने से
हौसलों के पस्त होने से
उम्मीद बिखर जाने से
उबर कर तुमने फिर
किरदार बना लिया है
और सोचते हो कि

अब कुछ बाक़ी नहीं
तो याद रहे
जीवन की इस राह में
इतना काफ़ी नहीं

समय, किसी से कुछ कहता नहीं!

मैं जो चाहता हूँ
वह होता नहीं!
देखता हूँ घड़ी को
किन्तु, समय कुछ कहता नहीं!

हर कुंज हर पात
क्या जीव, क्या आदमजात
दर्पण–सा सच दिखलाता...
हो मृदु छाया या काँटे
लेकिन कर्म निभाता
पास उसके शिथिलता
या
उग्रता की कोई जगह नहीं
और कहने पर किसी के
वो चलता भी नहीं!
समय, किसी से कुछ कहता नहीं!

कभी होकर मदमस्त
मैं बैठता हूँ!
कभी होकर उदास
मैं बैठ जाता हूँ
उसे देखो लेकिन
चलते रहता, कभी थकता नहीं

समय से समय चलता है
मेरे जीतने–हारने का
उसे कभी फ़र्क़ पड़ता नहीं...
समय, किसी से कुछ कहता नहीं!

मैंने घड़ी देखना बन्द कर दिया है

देखकर तारीख़ों को
तुम गढ़ते रहे शुभ–अशुभ
देखकर घड़ी को
तुम गढ़ते रहे मुहूर्त
सचमुच कमाल किया है
अब यह पीढ़ियों में बस गया है

आज़ाद करना चाहता हूँ,
नयी नस्ल को
यह सोचकर एक प्रयोग
ख़ुद ही पर किया है
दोस्तो
मैंने घड़ी देखना बन्द कर दिया है

क्या देखना है घड़ी का
उसने, जो ख़ुद है घड़ी, दो घड़ी का
एक अफ़साना नया
अपने ज़हन को ताक़ीद किया है
मैंने घड़ी देखना बन्द कर दिया है

काम ऐसे करो
कि घड़ी, बस समय ही दिखाये समय ...
समय कहाँ, कब होता है सही या ग़लत!

तुमने रंग भरे थे

याद वो दिन,
उस दिन तुम मेरी ओर बस देखते रहे...
जाने क्या सोचते रहे...

सब कुछ वैसे ही चलता रहा
घड़ी की सुइयों की तरह
सिवाय तुम्हारी आँखों के!
जो ठहर गयी थीं मुझ पर

तुम तो बोले नहीं कुछ भी
तुम बस यों ही चुप रहे
मैं तुम्हें यों ही सुनती रही

उसी समय,
पल प्रतिपल, हर पल लगा
जैसे मेरा एक ख़्वाब पूरा हो गया था
बिना कुछ कहे, तुमने बहुत कुछ कह दिया था
सचमुच,
जैसे मुझे अपना कर लिया था

तुम्हें नहीं पता,
उसी पल तुमने मेरे सपनों में रंग भरे थे

एक पुराना दोस्त मिला है!

बुढ़ापे की दहलीज़ पर लिपटा
झुर्रियों से आँख मिचौनी करता
देख मुझे बस हँसता
बचपन वाला एक किरदार मिला है
एक पुराना दोस्त मिला है

अभी–अभी गुज़रे कल का
टिकट लिया है
गलियाँ, गलियों में गलियाँ
गलियों से होकर
वो पुराना मोहल्ला मिला है
एक पुराना दोस्त मिला है

त्योहार का लिफ़ाफ़ा लिए
गुज़रे कल के ख़्वाब लिए
बुढ़ापे की दहलीज़ पर
शाम की आगाज़ पर
विगत के उपवन में एक फूल खिला है
एक पुराना दोस्त मिला है।

□□